In unserm Kindergarten - Das Liederbuch - Spielend leicht einsetzbare Spiel- und Tanzlieder

Das Liederbuch mit allen Texten, Noten und Gitarrengriffen zum Mitsingen und Mitspielen

Neue Kinderlieder von Stephen Janetzko

Copyright © 2016 Verlag Stephen Janetzko, Erlangen
www.kinderliederhits.de
Alle Lieder verlegt bei Edition SEEBÄR- Musik Stephen Janetzko, Erlangen
Online-Shop im Internet unter www.kinderlieder-shop.de
Coverzeichnung: Ines Rarisch - Covergrafik: Stephen Janetzko
Notensatz, grafische Vorbereitung und Idee: Stephen Janetzko
All rights reserved.

ISBN-10: 3957222389
ISBN-13: 978-3-95722-238-1

Alle Rechte vorbehalten.
Dieses Werk ist urheberrechtlich geschützt. Jegliche Vervielfältigung und Verwertung ist nur mit Zustimmung der Autoren bzw. des Verlags zulässig. Das gilt insbesondere für Übersetzungen, die Einspeicherung und Verarbeitung in elektronischen Systemen sowie für das öffentliche Zugänglichmachen wie zum Beispiel über das Internet. Ein Nachdruck oder eine Weiterverwertung ist nur mit schriftlicher Genehmigung des Verlags möglich.
© Verlag Stephen Janetzko, **www.kinderliederhits.de**

Inhaltsverzeichnis

Lied:	Seitenzahl:
In unserm Kindergarten (Der Kindergarten-Song)	3
Mit uns erlebst du was!	4
Hey, hallo, neuer Tag! (Morgenlied)	5
Was tun wir an deinem Geburtstag?	6
Ich breite meine Flügel aus (Schmetterlingslied und -tanz)	7
Unter meinem Schirmchen (Regenschirmlied und -tanz)	8
Die kleine Hexe Wolkenbruch (Spiellied)	9
Die Rittersleut von Runkel	10
Du, mein allerliebstes Kuscheltier (Das Kuscheltierlied)	11
Kommt doch mit nach Amerika! (Eine Reise um die Welt)	12
Wenn erst die Cowboys reiten	13
He, Elefant (Der Dschungelsong)	14
Wenn wir zum Kinderfest heut gehn (Lied zum Kinderfest)	15
Wenn wir zum großen Fest heut gehn (Lied zum großen Fest)	*16*
Wenn wir heut zum Geburtstag gehn (Lied zum Geburtstag)	*17*
Wenn wir zum Erntedankfest gehn (Lied zum Erntedankfest)	*18*
Wenn wir mit den Laternen gehn (Lied zum Laternenfest)	*19*
Wenn wir mit unsern Kerzen gehn (Lied zum Advent)	*20*
Passt auf! Gebt acht! (Halloween-Gespensternacht)	21
Alle geh'n jetzt zur Ruh (Abendlied)	22
Mein Traumboy Felix Silberhaar	23

Die CD zum Buch:
CD In unserm Kindergarten
- Spielend leicht einsetzbare Spiel- und Tanzlieder
für Kinder von ca. 3-6 Jahren
von & mit Stephen Janetzko
Texte: Rolf Krenzer

Best.-Nr. 91033-241,
ISBN 978-3-940918-91-8

In unserm Kindergarten
(Der Kindergarten-Song)

Text: Rolf Krenzer; Musik: Stephen Janetzko; CD "In unserm Kindergarten"
© Edition SEEBÄR-Musik Stephen Janetzko; www.kinderliederhits.de

Refrain: In unserm Kindergarten...

2. Bilderbücher gibt es hier so viel,
und an jedem Tag ein andres Spiel.
Bausteine und Autos, groß und klein.
Sagt, wer will nicht im Kindergarten sein?

Refrain: In unserm Kindergarten...

3. Lieder lernen wir bei uns im Nu,
und oft tanzen wir auch noch dazu.
Jeder singt, so laut er singen kann.
Und habt ihr Lust, dann fangen wir gleich an!

Refrain: In unserm Kindergarten...

4. Basteln wir, dann solltet ihr uns sehn!
Keiner bastelt so geschickt und schön!
Schenken es der Mutti dann zum Schluss,
und wir bekommen einen dicken Kuss!

Refrain: In unserm Kindergarten...

5. Und beim Malen erst, da gehn wir ran,
weil doch jeder von uns malen kann!
Schöne Bilder kommen an die Wand.
Mein Papa hat mein Bild sofort erkannt!

Refrain: In unserm Kindergarten...

6. Immer wieder gibt's bei uns ein Fest,
dass ihr ja nicht unser Fest vergesst!
Jeder freut sich drauf, dabei zu sein.
Euch alle laden wir gern dazu ein!

Refrain: In unserm Kindergarten...

7. Scheint die Sonne, laufen wir hinaus,
und wir spielen in dem Hof vorm Haus.
Manchmal gehen wir auch weit spazier'n.
Gebt acht, dass wir uns dabei nicht verlier'n!

Refrain: In unserm Kindergarten...

8. Sind wir hungrig, essen wir im Nu
und wir trinken unsern Tee dazu,
tauschen Kuchen gegen Mettwurst ein.
Mit andern teilen schmeckt noch mal so fein.

Refrain: In unserm Kindergarten...

9. Weil der schönste Tag mal enden muss,
singen alle noch ein Lied zum Schluss.
Jeder läuft so schnell er kann nach Haus.
Zu Hause schaun sie doch schon nach uns aus!

Refrain: In unserm Kindergarten...

Mit uns erlebst du was!

Text: Rolf Krenzer; Musik: Stephen Janetzko; CD "In unserm Kindergarten"
© Edition SEEBÄR-Musik Stephen Janetzko; www.kinderliederhits.de

Ref.: Mit uns erlebst du was! Mit uns, da macht es Spaß! Drum rat' ich sehr: Komm einfach her und mach' und mach' und mach' mit uns doch was!

1. Wir laden dich gern ein, und fühlst du dich allein, dann laß dich, du, das wäre schön, doch einfach bei uns sehn!

Refrain: Mit uns erlebst du was...

2. Wir warten schon auf dich!
   Und kommst du hoffentlich,
   dann bist du nicht mehr lang allein,
   drum laden wir dich ein!

Refrain: Mit uns erlebst du was...

3. Mit uns, das wirst du sehn,
   mit uns, da ist es schön.
   Und lässt du dich bei uns mal sehn,
   dann wirst du das verstehn.

Refrain: Mit uns erlebst du was...

Hey, hallo, neuer Tag! (Morgenlied)

Text: Rolf Krenzer; Musik: Stephen Janetzko; CD "In unserm Kindergarten"
© Edition SEEBÄR-Musik Stephen Janetzko, www.kinderliederhits.de

2. Hey, hallo, neuer Tag! Hey, hallo, bist du da?
Weil ich nicht mehr warten kann, spring ich aus den Federn und lach' dich an.
Ich grüße dich, begrüße dich und sag': Hey, hallo, neuer Tag!

3. Hey, hallo, neuer Tag! Hey, hallo, bist du da?
Schau, ich steh für dich bereit! Will es mit dir wagen, hab' für dich Zeit!
Ich grüße dich, begrüße dich und sag': Hey, hallo, neuer Tag!

Spielanleitung:
Wir halten beide Hände vor uns, heben sie hoch und begrüßen so den neuen Tag. Zum Mittelteil der ersten Strophe stehen wir erwartungsvoll da und verbeugen uns dann nach vorne, um den Tag zu begrüßen. Zur zweiten Strophe springen wir hoch und lachen, sehen mit frohem Gesicht dem neuen Tag entgegen. Zur dritten Strophe geben wir uns die Hände, gehen im Kreis aufeinander zu und halten zum Abschluss die angefassten Hände hoch.

Was tun wir an deinem Geburtstag?

Text: Rolf Krenzer; Musik: Stephen Janetzko; CD "In unserm Kindergarten"
© Edition SEEBÄR-Musik Stephen Janetzko, www.kinderliederhits.de

2. Was tun wir an deinem Geburtstag, Geburtstag, Geburtstag?
   Wir pflücken dir paar Blümchen, Blümchen, Blümchen!
   Wir pflücken dir paar Blümchen und gratulieren dir!

3. Was tun wir an deinem Geburtstag, Geburtstag, Geburtstag?
   Wir packen dir ein Päckchen, Päckchen, Päckchen!
   Wir packen dir ein Päckchen und gratulieren dir!

4. Was tun wir an deinem Geburtstag, Geburtstag, Geburtstag?
   Wir lassen dich hoch leben, leben, leben!
   Wir lassen dich hoch leben und gratulieren dir!

5. Was tun wir an deinem Geburtstag, Geburtstag, Geburtstag?
   Wir singen dir ein Liedchen, Liedchen, Liedchen!
   Wir singen dir ein Liedchen und gratulieren dir!

6. Was tun wir an deinem Geburtstag, Geburtstag, Geburtstag?
   Wir laden dich zum Tänzchen, Tänzchen, Tänzchen!
   Wir laden dich zum Tänzchen und gratulieren dir!

7. Was tun wir an deinem Geburtstag, Geburtstag, Geburtstag?
   Wir geben dir ein Küsschen, Küsschen, Küsschen!
   Wir geben dir ein Küsschen und gratulieren dir!

8. Was tun wir an deinem Geburtstag, Geburtstag, Geburtstag?
   Wir wollen mit dir feiern, feiern, feiern!
   Wir wollen mit dir feiern und gratulieren dir!

Ich breite meine Flügel aus
(Schmetterlingslied und tanz)

Text: Rolf Krenzer; Musik: Stephen Janetzko; CD "In unserm Kindergarten"
© Edition SEEBÄR-Musik Stephen Janetzko; www.kinderliederhits.de

Tempo: ca. 150

1. Ich breite meine Flügel nach beiden Seiten aus und
fliege wie ein / wie ein bunter Schmetterling weit
in die Welt hinaus, ja, in die Welt hinaus.

2. Ich flieg nicht gern alleine
   in dieser schönen Zeit.
   Flieg mit mir, bunter Schmetterling! Viel schöner ist's zu zweit!
   Flieg mit mir, bunter Schmetterling! Viel schöner ist's zu zweit!

3. Wir schaukeln über Blüten
   und wiegen uns im Wind.
   Es spürt doch jeder Schmetterling, wie schön die Tage sind.
   Es spürt doch jeder Schmetterling, wie schön die Tage sind.

4. Sind Schmetterlinge müde,
   dann ruhen sie sich aus.
   Doch bald fliegt jeder Schmetterling schon wieder weit hinaus,
   ja, bald fliegt jeder Schmetterling schon wieder weit hinaus.

Spielanleitung:
Zunächst fliegen wir allein, dann als Paare im Kreis herum. Wir wiegen uns im Wind, können auch unsere Partner tauschen, ruhen uns aus und fliegen wieder weiter.
Zwischen den einzelnen Strophen kann die Melodie wiederholt werden, damit den Schmetterlingen genügend Zeit zum behutsamen Fliegen bleibt.

Unter meinem Schirmchen
(Regenschirmlied und -tanz)

Text: Rolf Krenzer; Musik: Stephen Janetzko; CD "In unserm Kindergarten"
© Edition SEEBÄR-Musik Stephen Janetzko; www.kinderliederhits.de

Tempo: ca. 192

1. Unter meinem Schirmchen macht der Regen Spaß. Soll's doch regnen, soll's doch regnen bis zum nächsten Sonnenschein. Wenn zwei Schirme sich begegnen, kommt der Spaß von ganz allein. Und die Pfützen spritzen, und das Gras ist nass. Und die Regentropfen tropfen mir die Schuhe nass. Unterm Schirmchen, unterm Schirmchen ist es trocken und so schön, denn mein Schirmchen, ja, mein Schirmchen lässt mich nie im Regen stehn.

2. Unter meinem Schirmchen macht der Regen Spaß. ...Wenn drei Schirme sich begegnen,...
3. Unter meinem Schirmchen macht der Regen Spaß. ...Wenn vier Schirme sich begegnen,...
4. Unter meinem Schirmchen macht der Regen Spaß. ...Wenn fünf Schirme sich begegnen,...

Spielanleitung: Eine Tänzerin/ ein Tänzer spannt seinen Schirm auf und beginnt so zu tanzen, als würde es um uns herum regnen. Dann kommt ein(e) zweite(r) mit seinem Schirm hinzu, und die beiden tanzen zusammen. Von Strophe zu Strophe kommen weitere Tänzerinnen/ Tänzer mit ihren aufgespannten Regenschirmen hinzu.

Die kleine Hexe Wolkenbruch (Hexen-Spiellied)

Text: Rolf Krenzer; Musik: Stephen Janetzko; CD "In unserm Kindergarten"
© Edition SEEBÄR-Musik Stephen Janetzko; www.kinderliederhits.de

1. Die kleine Hexe Wolkenbruch mit ihrem Zauberbesen,
die hat das dicke Hexenbuch von A bis Z gelesen.
Sie weiß genau Bescheid! Passt auf, es ist soweit!

Hexe spricht: Alle sollen Klapperstörche sein! (danach schneller weiter in Tempo ca. 200)

Refrain: Hei! Hei! Hexerei! Jeder kann sich freun.
Alle Leute können heute Klapperstörche sein!
Klapp-Klapp-Klapperstörche können alle sein!

2. Die kleine Hexe Wolkenbruch ist froh, wenn alle lachen
und hext mit einem Zauberspruch die allerschönsten Sachen.
Sie weiß genau Bescheid! Passt auf, es ist soweit!

Hexe spricht: Jetzt sollen alle Schreibmaschinen sein!

Refrain: Hei! Hei! Hexerei! Jeder kann sich freun.
Alle Leute können heute Schreibmaschinen sein!
Schreib-, Schreib-, Schreibmaschinen können alle sein!

3. Die kleine Hexe Wolkenbruch ist froh, wenn alle lachen
und hext mit einem Zauberspruch die allerschönsten Sachen.
Sie weiß genau Bescheid! Schon wieder ist's soweit!

Hexe spricht: Jetzt sollen alle Dinosaurier sein!

Refrain: Hei! Hei! Hexerei! Jeder kann sich freun.
Alle Leute können heute Dinosaurier sein!
Di-, Di-, Dinosaurier können alle sein!

4. Die kleine Hexe Wolkenbruch ist froh, wenn alle lachen
und hext mit einem Zauberspruch die allerschönsten Sachen.
Sie weiß genau Bescheid! Schon wieder ists soweit!

Hexe spricht: Jetzt sollen alle Wachmaschinen sein!

Refrain: Hei! Hei! Hexerei! Jeder kann sich freun.
Alle Leute können heute Waschmaschinen sein!
Wasch-, Wasch-, Waschmaschinen können alle sein!

5. Die kleine Hexe Wolkenbruch ist froh, wenn alle lachen
und hext mit einem Zauberspruch die allerschönsten Sachen.
Sie weiß genau Bescheid! Schon wieder ist's soweit!

Hexe spricht: Jetzt sollen alle Pinguine sein!

Refrain: Hei! Hei! Hexerei! Jeder kann sich freun.
Alle Leute können heute Pinguine sein!
Ping-, Ping-, Pinguine können alle sein!

Weitere Spielanregungen:
- Jetzt sollen alle Ballerinen sein...
- Jetzt sollen alle große Frösche sein...
- Jetzt sollen alle Roboter hier sein....
- Jetzt sollen alle Elefanten sein....
- Jetzt sollen alle Düsenjäger sein usw.....

6. Die kleine Hexe Wolkenbruch
mit ihrem Zauberbesen,
die ist mit uns die ganze Zeit
so richtig froh gewesen.
Jetzt ist der Spaß vorbei.
Drum sagt sie: "Eins! Zwei! Drei!

Hexe spricht zum Schluss:
Jetzt steigt auf euren Hexenbesen
und fliegt noch ein Stückchen mit!

Refrain: Hei! Hei! Hexerei!
Wartest du denn schon?
Auf, mein lieber Hexenbesen,
trag' mich nun davon!
Hex-, Hex-, Hexenbesen,
trag mich nun davon!

Spielanleitung: Wir stehen im Kreis. Da reitet die kleine Hexe Wolkenbruch auf ihrem Besen herein. Sie kann auf einem richtigen Besen reiten oder den Besen zwischen ihren Beinen andeuten. Nun verhext sie uns, so dass wir alle pantomimisch das darstellen, in was uns die Hexe verzaubert. Zum Schluss steigt die kleine Hexe Wolkenbruch wieder auf ihren Besen und reitet davon. Wir steigen auch auf unsere imaginären Besen und begleiten sie noch ein Stück. Die Hexe kann von einem Spieler oder von mehreren Spielern dargestellt werden, so dass es zu jeder neuen Strophe auch eine neue Hexe gibt. Als Verkleidung reicht schon ein Tuch um den Kopf, das dann jeder neuen Hexe wieder umgebunden wird.

Die Rittersleut' von Runkel

Text: Rolf Krenzer; Musik: Stephen Janetzko; CD "In unserm Kindergarten"
© Edition SEEBÄR-Musik Stephen Janetzko, www.kinderliederhits.de

1. Die Ritterzeit, ihr lieben Leut', liegt größtenteils im Dunkel. Doch kennt man heut noch allezeit die Rittersleut', die Rittersleut', die Rittersleut' von Runkel. Refrain: Karfi-Karfa-Karfunkel, so leben sie bis heut auf Ri- auf Ra- auf Runkel, von einst die Rittersleut'.

2. Der Ritter ist ein starker Mann und isst am liebsten Törtchen.
Doch greift ein Feind die Burg mal an, verdrückt er sich, verdrückt er sich ganz schnell aufs stille Örtchen.

3. Die Rittersfrau schrubbt das Parkett, ist sich für nichts zu schade
und tanzt ganz heimlich ein Ballett in ihrer Ke-, in ihrer Ke-, in ihrer Kemenate.

4. Der Drachen kommt nur jedesmal ganz müd' daher gekrochen,
denn seinen heißen Feuerstrahl braucht man nur noch, braucht man nur noch, braucht man nur noch zum Kochen.

5. Der Rittersohn heißt Goliath und wird stets fit und fitter.
Und mampft, wenn er mal Hunger hat, am liebsten Arm-, am liebsten Arm-, am liebsten Arme Ritter.

6. Das Ritterfräulein Marileen wird erst nach 10 Uhr munter
und rutscht, will es den Liebsten sehn, die Regenrinn-, die Regenrinn-, die Regenrinne runter.

7. Das Ritterbaby ist noch klein und geht sehr gern spazieren,
doch nicht wie du und ich, o, nein, es geht auf all-, es geht auf all-, es geht auf allen Vieren.

8. Der Opa wedelt mit der Hand und rennt entlang der Brüstung
denn kommt der Winter übers Land, friert er in sei-, friert er in sei-, friert er in seiner Rüstung.

9. Die Ritteroma hebt das Bein und macht - hat sie's im Sinne -
Gymnastik noch im Mondenschein hoch oben auf, hoch oben auf, hoch oben auf der Zinne.

10. Der Ritterknappe Adalbert prescht über Feld und Weiden,
und übt auf seinem Steckenpferd das Reiten, ja, das Reiten, ja, das Reiten, ja, das Reiten.

11. Die Kammerjungfer jung und schön probt heimlich viele Stunden
und möchte gern zur Disco gehn.... Die ist noch nicht, die ist noch nicht, die ist noch nicht erfunden.

12. Singt erst der Minnesänger dann falsch wie ein Kakadu-u,
hält er, weil er's nicht hören kann, sich selbst die Oh-, sich selbst die Oh-, sich selbst die Ohren zu-u.

13. Das Burggespenst heult schrill und laut und macht den Hund verrü-ückt,
wenn es nicht in den Spiegel schaut und vor sich selbst, und vor sich selbst, und vor sich selbst erschri-ickt.

14. Das Ritterlied, ihr lieben Leut', schallt durch das Burggelände.
Doch alles hier hat seine Zeit, und es ist nun, und es ist nun, und es ist nun zu Ende.
Refrain: Karfi-, Karfa-, Karfunkel, so lebten sie bis heut auf Ri-, auf Ra-, auf Runkel, von einst die Rittersleut'.

15. Von all den vielen Rittersleut' ist nicht mehr viel geblieben.
Doch unvergessen sind bis heut' die dicken Run-, die dicken Run-, die dicken Runkelrüben.
Refrain: Karfi-, Karfa-, Karfunkel, wir essen sie bis heut im Hellen und im Dunkel, wie einst die Rittersleut'.

Du, mein allerliebstes Kuscheltier
(Das Kuscheltierlied)

Text: Rolf Krenzer; Musik: Stephen Janetzko; CD "In unserm Kindergarten"
© Edition SEEBÄR-Musik Stephen Janetzko, www.kinderliederhits.de

2. Was wär der Karlson ohne sein Kaninchen? Was wäre ohne Eisbär das Sabinchen?
Und hätte nicht die Carolin ihr Mäuschen, dann wäre sie bestimmt gleich aus dem Häuschen!
Die Biene Maja, die gehört dem Dieter, und Mäxchen sucht sein Schweinchen doch schon wieder
Mag Margarete auch fast zwanzig sein.... Ohne ihr Kuscheltier schläft sie bestimmt nicht ein.
Wenn du willst, leih' ich es dir: Schau nur, mein Kuscheltier!

3. Ist es heut' ganz besonders schön gewesen, und wird erzählt und etwas vorgelesen,
dann wird's erst richtig kuschelig und warm, hab' ich mein Kuscheltier in meinem Arm.
Und ist mein Kuscheltier auch manchmal dreckig, vom Liebhaben auch fleckig und gar speckig
Wir waschen es! Da ist doch nichts dabei! Mein Kuscheltier ist bald schon wieder grad wie neu!
Wenn du willst, komm ich zu dir mit meinem Ku-u-scheltier.

Kommt doch mit nach Amerika!
(Eine Reise um die Welt)

Text: Rolf Krenzer; Musik: Stephen Janetzko; CD "In unserm Kindergarten"
© Edition SEEBÄR-Musik Stephen Janetzko, www.kinderliederhits.de

Tempo: ca. 180

1. Kommt doch mit, kommt doch mit nach A-me-ri-ka. Und mit et-was Phan-ta-sie rei-ten wir, rei-ten wir ü-ber die Prä-rie. Jip-pi yeah, jip-pi yeah - jip-pi, jip-pi, jip-pi, jip-pi, jip-pi, yeah. Jip-pi yeah, jip-pi yeah, rei-ten wir ü-ber die Prä-rie.

2. Kommt doch mit, kommt doch mit uns nach Afrika.
   Durch das hohe Steppengras schleichen wir, schleichen wir, und das macht uns Spaß.
   Bassa bum, bassa bum - bassa, bassa, bassa, bassa, bassa, bum.
   Bassa bum, bassa bum, schleichen wir durch das Steppengras.

3. Seht euch nun, seht euch nun in Australien um.
   Grade wie das Känguruh springen wir, springen wir alle immerzu.
   Hoppdi da, hoppdi du - hoppdi, hoppdi, hoppdi, hoppdi, du.
   Hoppdi da, hoppdi du, springen wir wie das Känguruh.

4. Geht mit uns, geht mit uns durch die Wüste nun.
   Bis zur Karawanserei wanken wir, schwanken wir in der langen Reih'.
   Gali yeah, gali gay - gali, gali, gali, gali, gali, gay.
   Gali yeah, gali gay, ziehen wir alle hier vorbei.

5. Kommt doch mit, kommt doch mit! In Hawaii ist's schön!
   Und am Strand von Waikiki tanzen wir, tanzen wir hier bis morgen früh.
   Hula hi, hula hi - hula, hula, hula, hula, hula, hi.
   Hula hi, hula hi, tanzen wir hier bis morgen früh.

6. Kommt doch mit, kommt doch mit! Wollt ihr Japan sehn?
   Und im schicken Kimono trippeln wir, trippeln wir dann durch Tokio.
   Hoki sa, hoki so - hoki, hoki, hoki, hoki, hoki, so.
   Hoki sa, hoki so, trippeln wir nun durch Tokio.

7. Kommt zurück, kommt zurück, denn jetzt geht's nach Haus!
   Aber morgen, denkt daran, mannomann, mannomann, fängt's von vorne an.
   Mannomann, mannomann - manno, manno, manno, manno, mannomann,
   mannomann, mannomann, fängt's von vorne schon wieder an.

Spielanleitung: Alles, was wir in dem Song besingen, setzen wir mit unseren Gesten und Bewegungen im Spiel um:
- Wir reiten als Cowboys über die Prärie und schwingen die Lassos über unseren Köpfen.
- Wir schleichen hintereinander oder nebeneinander durch das hohe Steppengras und springen anschließend wie Känguruhs durch Australien.
- Wenn wir in Afrika als lange Karawane durch die Wüste ziehen, dann gehen wir hintereinander, verschränken die Arme vor der Brust und wiegen bedächtig unsere Köpfe hin und her.
- Am Strand von Hawaii drehen wir uns hüftenwackelnd im Hulatanz und trippeln mit winzigen Schritten im Kimono durch Tokio.

Wenn erst die Cowboys reiten

Text: Rolf Krenzer; Musik: Stephen Janetzko; CD "In userm Kindergarten"
© Edition SEEBÄR-Musik Stephen Janetzko, www.kinderliederhits.de

1. Wenn erst die Cow-boys rei-ten, rei-ten, rei-ten, dann rei-ten Cow-boys so.

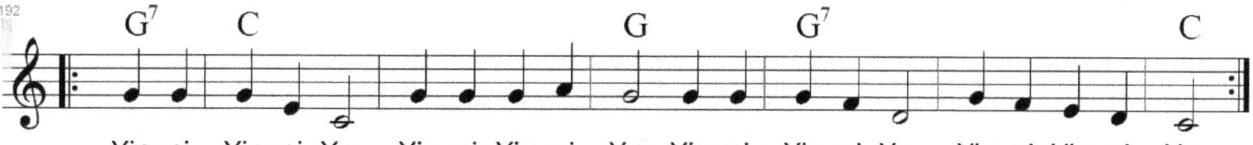

Yip-pi - Yip-pi-Yo, Yip-pi-Yip-pi - Yo, Yip-pi - Yip-pi-Yo, Yip-pi-Yip-pi - Yo.

2. Wenn sie das Lasso schwingen, schwingen, schwingen,
   dann schwingen sie es so.
   Yippi-Yippi-Yo, Yippi-Yippi-Yo, Yippi-Yippi-Yo, Yippi-Yippi-Yo.
   Yippi-Yippi-Yo, Yippi-Yippi-Yo, Yippi-Yippi-Yo, Yippi-Yippi-Yo.

3. Und wenn sie sich anschleichen, schleichen, schleichen,
   dann schleichen Cowboys so.
   Yippi-Yippi-Yo, Yippi-Yippi-Yo, Yippi-Yippi-Yo, Yippi-Yippi-Yo.
   Yippi-Yippi-Yo, Yippi-Yippi-Yo, Yippi-Yippi-Yo, Yippi-Yippi-Yo.

4. Wenn sie die Kühe treiben, treiben, treiben,
   dann treiben sie sie so.
   Yippi-Yippi-Yo, Yippi-Yippi-Yo, Yippi-Yippi-Yo, Yippi-Yippi-Yo.
   Yippi-Yippi-Yo, Yippi-Yippi-Yo, Yippi-Yippi-Yo, Yippi-Yippi-Yo.

5. Und wenn die Cowboys tanzen, tanzen, tanzen,
   dann tanzen Cowboys so.
   Yippi-Yippi-Yo, Yippi-Yippi-Yo, Yippi-Yippi-Yo, Yippi-Yippi-Yo.
   Yippi-Yippi-Yo, Yippi-Yippi-Yo, Yippi-Yippi-Yo, Yippi-Yippi-Yo.

6. Wenn erst die Cowboys schlafen, schlafen, schlafen,
   dann schlafen Cowboys so.
   Chrchr-Chrchr - oh, Chrchr-Chrchr - oh!
   Chrchr-Chrchr - oh, Chrchr-Chrchr - oh!
   Chrchr-Chrchr - oh, Chrchr-Chrchr - oh!
   Chrchr-Chrchr - oh, Chrchr-Chrchr - oh!

He, Elefant (Der Dschungelsong)

Text: Rolf Krenzer; Musik: Stephen Janetzko; CD "In unserm Kindergarten"
© Edition SEEBÄR-Musik Stephen Janetzko, www.kinderliederhits.de

Tempo: ca. 180

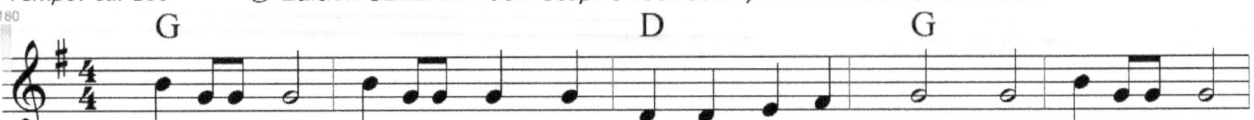

1. He, E-le-fant, he, E-le-fant, treff' ich dich mal im Dschun-gel, he, E-le-fant,

bin ich ge-spannt und auch so rich-tig froh. Und stampfst du los, da staun' ich bloß und

sa-ge: "O! Hal-lo!" Und stampfst du los, da staun' ich bloß und mach' es e-ben-so.

2. He, Tiger, du, he, Tiger, du, treff' ich dich mal im Dschungel,
   he, Tiger, du, schau ich dir zu und bin so richtig froh.
   Und schleichst du los, da staun' ich bloß und sage: "O! Hallo!" Und schleichst du los...

3. He, Krokodil, he, Krokodil, treff' ich dich mal im Dschungel,
   he, Krokodil, steh ich ganz still und bin so richtig froh.
   Und kriechst du los, da staun' ich bloß und sage: "O! Hallo!" Und kriechst du los...

4. He, Papagei, he, Papagei, treff' ich dich mal im Dschungel,
   he, Papagei, lauf' ich herbei und bin so richtig froh.
   Du plapperst los, da staun' ich bloß und sage: "O! Hallo!" Du plapperst los...

5. He, dicker Bär*, he, dicker Bär, treff' ich dich mal im Dschungel,
   he, dicker Bär, dann halt' ich an und bin so richtig froh.
   Und tappst du los, da staun' ich bloß und sage: "O! Hallo!" Und tappst du los...

6. He, Schlange Kaa**, he, Schlange Kaa, treff' ich dich mal im Dschungel,
   he, Schlange Kaa, treff' ich dich da, dann bin ich richtig froh.
   Du schlängelst los, da staun' ich bloß und sage: "O! Hallo!" Du schlängelst los...

7. He, Chita***, du, he, Chita, du, treff' ich dich mal im Dschungel,
   he, Chita, dann halt' ich gleich an und bin so richtig froh.
   Du kletterst los, da staun' ich bloß und sage: "O! Hallo!" Du kletterst los...

8. He, Tarzan, du, he, Tarzan, du, treff' ich dich mal im Dschungel,
   he, Tarzan, du, ruf' ich: "Huhu!" und bin so richtig froh.
   Und schwingst du los, da staun' ich bloß und sage: "O! Hallo!" Und schwingst du los...

* Als dicke Bären findet man im Dschungel Lippenbären, die vielfach in Indien als Tanzbären abgerichtet und auf den Märkten vorgeführt wurden. Bei Baloo, der in Kiplings "Dschungelbuch" eine wichtige Rolle in Mowglis jungem Leben spielt, handelt es sich wahrscheinlich auch um einen Lippenbär.
In der Strophe kann statt "tappt" auch "tanzt" gesungen werden.
** Und Kaa, Mowglis schläfriger, aber unberechenbarer Bekannter, ist eine Python-Schlange, die bis zu 6 m werden kann.
*** Wenn "Chita" aus den Tarzangeschichten nicht bekannt ist, singen wir "He, Äffchen, du"

Spielanregung:
Im Dschungel begegnen wir den unterschiedlichsten Tieren. Wir versuchen, sie alle nachzuahmen, zuerst einer, dann alle, die mitmachen wollen. Zum Schluß treffen wir Tarzan und schwingen uns wie er an einer Liane hin und her..

Wenn wir zum Kinderfest heut gehn
(Lied zum Kinderfest)

Text: Rolf Krenzer; Musik: Stephen Janetzko; CD "In unserm Kindergarten"
© Edition SEEBÄR-Musik Stephen Janetzko, www.kinderliederhits.de

Refrain: Wenn wir zum Kinderfest heut gehn, dann habt ihr...

2. Wir ziehn in einer langen Reih', und viele Kinder sind dabei,
damit sich jeder dann von Herzen freuen kann,
damit sich jeder dann von Herzen freuen kann.

Refrain: Wenn wir zum Kinderfest heut gehn, dann habt ihr...

3. Wir tanzen in dem Sonnenschein und laden alle dazu ein,
damit sich jeder dann von Herzen freuen kann,
damit sich jeder dann von Herzen freuen kann.

Refrain: Wenn wir zum Kinderfest heut gehn, dann habt ihr...

Wenn wir zum großen Fest heut gehn
(Lied zum großen Fest)

Text: Rolf Krenzer; Musik: Stephen Janetzko; CD "In unserm Kindergarten"
© Edition SEEBÄR-Musik Stephen Janetzko, www.kinderliederhits.de

Refrain: Wenn wir zum großen Fest heut gehn...

2. Wir ziehn in einer langen Reih', und viele Kinder sind dabei,
damit sich jeder dann von Herzen freuen kann,
damit sich jeder dann von Herzen freuen kann.

Refrain: Wenn wir zum großen Fest heut gehn...

3. Wir tanzen in dem Sonnenschein und laden alle dazu ein,
damit sich jeder dann von Herzen freuen kann,
damit sich jeder dann von Herzen freuen kann.

Refrain: Wenn wir zum großen Fest heut gehn...

Wenn wir heut zum Geburtstag gehn
(Lied zum Geburtstag)

Text: Rolf Krenzer; Musik: Stephen Janetzko; CD "In unserm Kindergarten"
© Edition SEEBÄR-Musik Stephen Janetzko, www.kinderliederhits.de

2. Wenn wir zu dem Geburtstag gehn,
dann hast du so viel Päckchen, so viele bunte Päckchen
bestimmt noch nicht gesehn, bestimmt noch nicht gesehn.
Wir singen das Geburtstagslied, und alle Leute singen mit,
und daran merkst du grad, wie lieb dich jeder hat,
und daran merkst du grad, wie lieb dich jeder hat.

3. Wenn wir heut zum Geburtstag gehn,
dann hast du so viel Gäste, so viele frohe Gäste
bestimmt noch nicht gesehn, bestimmt noch nicht gesehn.
Wir singen, wenn wir bei dir sind: Hoch lebe das Geburtstagskind!
Und daran merkst du grad, wie lieb dich jeder hat,
und daran merkst du grad, wie lieb dich jeder hat.

Wenn wir zum Erntedankfest gehn
(Lied zum Erntedankfest)

Text: Rolf Krenzer; Musik: Stephen Janetzko; CD "Der Herbst ist da - Die 25 schönsten Herbstlieder"
© Edition SEEBÄR-Musik Stephen Janetzko, www.kinderliederhits.de

Tempo: ca. 204

Refrain: Wenn wir zum Ern-te-dank-fest gehn, dann habt ihr so viel Früch-te, so viele reife Früchte bestimmt noch nicht gesehn, bestimmt noch nicht gesehn.

1. Gemüse, Obst und vieles mehr, das bringen wir heut alles her, damit sich jeder dann von Herzen freuen kann, damit sich jeder dann von Herzen freuen kann.

Refrain.

2. Wir ziehn in einer langen Reih´, und viele Kinder sind dabei,
damit sich jeder dann von Herzen freuen kann,
damit sich jeder dann von Herzen freuen kann.

Refrain.

Weitere mögliche Strophe z.B. für den Erntedankgottesdienst:

3. Wir singen froh für Gott ein Lied, und alle Leute singen mit,
damit sich jeder dann von Herzen freuen kann,
damit sich jeder dann von Herzen freuen kann.

Wenn wir mit den Laternen gehn
(Lied zum Laternenfest)

Text: Rolf Krenzer; Musik: Stephen Janetzko; CD "Ein bisschen so wie Martin",
ISBN 978-3-941923-92-8; © Edition SEEBÄR-Musik Stephen Janetzko, www.kinderliederhits.de

Refrain: Wenn wir mit den Laternen gehn, dann habt ihr so viel Lichter, so viele bunte Lichter, bestimmt noch nicht gesehn, bestimmt noch nicht gesehn.

1. Wir singen das Laternenlied, und alle Leute singen mit,
damit sich jeder dann von Herzen freuen kann,
damit sich jeder dann von Herzen freuen kann.

Refrain: Wenn wir mit den Laternen gehn...

2. Wir ziehn in einer langen Reih´, und viele Kinder sind dabei,
damit sich jeder dann von Herzen freuen kann,
damit sich jeder dann von Herzen freuen kann.

Refrain: Wenn wir mit den Laternen gehn...

3. Es leuchtet der Laternenschein durchs Fenster in das Haus hinein,
damit sich jeder dann von Herzen freuen kann,
damit sich jeder dann von Herzen freuen kann.

Refrain: Wenn wir mit den Laternen gehn...

Wenn wir mit unsern Kerzen gehn
(Lied zum Advent)

Text: Rolf Krenzer; Musik: Stephen Janetzko; CD "Das Licht einer Kerze - Die 25 schönsten Weihnachtslieder" © Edition SEEBÄR-Musik Stephen Janetzko, www.kinderliederhits.de

Refrain: Wenn wir mit unsern Kerzen gehn...

2. Es leuchtet unser Kerzenschein euch allen in das Herz hinein,
damit sich jeder dann von Herzen freuen kann,
damit sich jeder dann von Herzen freuen kann.

Refrain: Wenn wir mit unsern Kerzen gehn...

3. Und wenn erst jede Kerze brennt, dann feiert froh mit uns Advent,
damit sich jeder dann von Herzen freuen kann,
damit sich jeder dann von Herzen freuen kann.

Passt auf! Gebt acht!
(Halloween-Gespensternacht)

Text: Rolf Krenzer; Musik: Stephen Janetzko; CD "Herbst, Halloween & Laterne"
© Edition SEEBÄR-Musik Stephen Janetzko, www.kinderliederhits.de

2. Wer schleicht in unserm Haus herum? Auf einmal schlagen Türen?
   Es knarrt und quietscht, es ist zu dumm! Ob sie hier spionieren?
   Ein Kreisen und Jammern in Zimmern und Kammern,
   Ein Hasten und Toben, mal unten, mal oben. So schleichen sie durchs Haus. Sag' hältst du das noch aus?
   (Ref.)

3. Wer klappert an der Heizung dort? Wer stöhnt vor unserm Zimmer?
   Sie bleiben hier und gehn nicht fort Und wimmern immer schlimmer.
   Sie gurgeln und kreischen zum Steineerweichen.
   Ein Poltern und Brausen! Da packt uns ein Grausen! So tappen sie ums Haus. Sag' hältst du das noch aus?
   (Ref.)

4. Von Tür zu Tür geht es herum, von Fenster geht's zu Fenster?
   Die Gänsehaut bringt mich fast um. Zu Hilfe! Nachtgespenster!
   Da schleich' ich mich leise auf heimliche Weise zu den Eltern ins Zimmer. Sag, schlaft ihr denn noch immer?
   Gespenster sind im Haus! Da lachen sie mich nur aus und jagen sie alle raus aus unserm Haus hinaus!

Alle geh'n jetzt zur Ruh (Abendlied)

Text: Rolf Krenzer; Musik: Stephen Janetzko; CD "In unserm Kindergarten"
© Edition SEEBÄR-Musik Stephen Janetzko, www.kinderliederhits.de

Tempo: ca. 134

1. Alle gehn jetzt zur Ruh, schließen die Augen zu,
draußen ist dunkle Nacht, schlafe auch du.

2. Hab' dich ins Bett gebracht, sing' dir ein Lied zur Nacht.
   Schließe die Augen zu. Schlafe auch du!

3. Leer sind die Straßen nun. Nichts gibt es mehr zu tun.
   Schließe die Augen zu. Schlafe auch du!

4. In ihrem kleinen Nest schlafen die Vögel fest.
   Schließe die Augen zu. Schlafe auch du!

5. Wieg dich in meinem Arm. Hier ist es still und warm.
   Schließe die Augen zu. Schlafe auch du!

Mein Traumboy Felix Silberhaar

Text: Rolf Krenzer; Musik: Stephen Janetzko; CD "In unserm Kindergarten"
© Edition SEEBÄR-Musik Stephen Janetzko, www.kinderliederhits.de

1. Mein Traum-boy Fe-lix Sil-ber-haar kommt Nacht für Nacht zu mir. Er setzt sich lei-se an mein Bett und bleibt ein biss-chen hier.

2. Mein Traumboy Felix Silberhaar kommt jeden Abend gern.
   Ich weiß, daß er am Himmel wohnt, kurz vor dem kleinsten Stern.

3. Mein Traumboy Felix Silberhaar kennt manches schöne Spiel
   und fragt mich, ob ich müde bin und was ich träumen will.

4. Mein Traumboy Felix Silberhaar schenkt mir sein schönstes Lied.
   Und einen Traum hat er für mich, bevor er weiterzieht.

5. Mein Traumboy Felix Silberhaar, der bleibt mir immer treu.
   Wenn du auch einen haben willst, dann träum' dir selbst `nen Boy.

Stephen Janetzko
(Autor, Liedermacher und Verleger)

Mit einer 20-minütigen MC „Der Seebär" fing alles an, heute sind es weit über 600 Kinderlieder, die der gebürtige Hagener Liedermacher bereits auf über 50 CDs und in zahllosen Liedsammlungen veröffentlicht hat. Viele davon, wie „Hallo und guten Morgen", „Wir wollen uns begrüßen", „Augen Ohren Nase", „Das Lied von der Raupe Nimmersatt", „Hand in Hand" oder „In meiner Bi-Ba-Badewanne", werden heute gesungen in Kindergärten, Schulen und überall, wo Kinder sind.

... mehr Info, mehr CDs, mehr Lieder & Noten:
www.kinderliederhits.de

www.ingramcontent.com/pod-product-compliance
Lightning Source LLC
Chambersburg PA
CBHW081505040426
42446CB00016B/3404